景気変動が健康に与える影響

－日本の1976年から2016年の都道府県別データによる実証分析－

井深 陽子

三菱経済研究所

本書の目的と構成

　景気変動が健康状態に与える影響は，これまで繰り返し検証されてきた古典的かつ重要な研究課題である．景気の「変動」が健康状態に与える影響は，経済成長と健康状態という長期のマクロ経済的課題とは区別され，Brennerの一連の研究を萌芽とする（Brenner, 1971; 1975; 1979）．これらの研究は，景気悪化に伴う失業リスク増加や経済的な不安定による医療機関へのアクセスの減少は，社会経済状況に恵まれない個人の間で死亡率の増加を引き起こすことを示した．しかしながら，Ruhm（2000）が，景気拡大が健康を悪化させる事実を指摘して以来，多くの国では景気が拡張すると死亡率が増加するという実証結果が報告されている（Ruhm, 2000; Tapia Granados, 2005; 2008; 2011; Gerdtham and Ruhm, 2006; Ariizumi and Schirle, 2012）．最近の研究においては，この傾向は近年の米国では変化していることも指摘されているが（Ruhm, 2015），これまでの既存研究の大部分は景気が拡大すると死亡率が増加するという「景気循環的（pro-cyclical）」な影響を支持している．

　二者の関係性が景気循環的か，逆に景気非循環的（counter-cyclical）かについて結果が混在する背景には，景気変動が健康に与える影響の背後にあるメカニズムが多様であることがある．景気非循環的であることを説明する理由としては，失業に伴う所得の減少や失業リスクに伴う心理的なストレスの増加による影響が考えられる（Brenner, 1979）．一方で，逆に景気循環的な影響を説明する要因として，景気後退期に発生する余暇時間の増加，健康に悪影響を与える財の消費の減少，外部環境の変化，が指摘されている（Ruhm, 2000）．このように景気変動が健康に与える影響は，潜在的には正と負の両方が存在するため，個々のメカニズムを通じて発生する影響の平均が，国全体での景気変動が健康に与える影響として測定される．

　個々のメカニズムがどのように働くかは，各国の制度的要因にも依存するために，必ずしも一つの国の結果が，他の国の結果にあてはまるとは限らない．

例えば，景気後退の健康に対する負の影響は，一国の社会福祉政策と関係があるであろう（Stuckler et al., 2009）．また，余暇時間のメカニズムを説明する景気後退と賃金や雇用の関係は，一国の労働市場のあり方に依存すると考えられる．実際に，米国の一連の研究やドイツ，メキシコ，アジア太平洋諸国，OECD，ノルウェー，EUのデータを用いた結果は景気循環的な影響を示している一方で（Ruhm, 2003; Neumayer, 2004; Gerdtham and Ruhm, 2006; Lin, 2009; Gonzalez and Quast, 2011; Arriizumi & Schirle, 2012; Toffolutti and Shurcke, 2014; Haaland and Tell, 2015），米国の最近の研究，スウェーデンの研究ではその結果を肯定しないものとなっている（Gerdtham & Johannesson, 2005; Svensson, 2007; Ruhm, 2015）．さらには，時代により支配的なメカニズムの影響が変化していることも指摘されており（Ruhm, 2015），景気変動が健康状態に与える影響は国と時代により異なる．日本のデータを用いて同課題を再検証することは，景気変動が日本全体にどのような影響を与えたのかを評価するだけでなく，日本という環境下における影響を考察することで景気変動が健康に与える影響の背後でどのようなメカニズムが支配的に働いているのかについての示唆を与える．

とりわけ日本においては，研究蓄積の多い米国と異なる幾つかの背景がある．景気後退が健康状態を改善する理由の一つとして，余暇時間の増加が挙げられ（Grossman, 1972），実際に米国においては景気後退期には減少した分の労働時間の無視できない部分が健康投資活動や余暇に当てられているという報告がある（Aguiar, Hurst, and Karabounis, 2013）．心疾患による死亡の減少が景気後退期の健康改善を説明する際に重要な役割を占めていることを考えると，長時間労働と心疾患死亡リスクの上昇の関係を所与とした場合，余暇時間の増加を通じたメカニズムが死亡の景気循環的な動きを説明するために重要であると考えられる．しかしながら，日本では不況期の労働時間の減少は必ずしも観察されておらず（三谷，2012），また管理職においては不況期の労働時間が上昇するという指摘もある（Kuroda & Yamamoto, 2013）．この結果に対応し，景気後退は管理職や専門職，または高所得者といった上位の社会階層に位置する者の健康状態を悪化させることも指摘されている（Kondo et al., 2008; Wada et al., 2012）．このような労働市場における環境の違いにより，景気変動と健康の平均的な関連は，必ずしも米国や他国で見られ

た影響と整合的ではない可能性がある．

　このような背景を踏まえ，本書では，日本において景気変動が健康に与える影響を，40年余の長期にわたるパネルデータを用いて検証する．健康の指標としては，これまでの先行研究との比較可能性を考慮し，同様の分析で用いられている最も一般的な指標として死亡率を用いる．あわせて，粗死亡率に加えて死因別死亡率と年齢別死亡率を被説明変数とした分析を行うことにより，死亡の理由と死亡者の属性から，景気変動と健康にどのようなメカニズムが介在するのかについての考察を行う．

　本書の構成は次のとおりである．第一章では，景気変動と健康の関係について，先行研究から得られている知見を総括する．第二章は，日本のデータを用いた実証分析を行う．第三章では，結果をまとめた上で今後の展望を要約する．第四章では，補論を展開する．

謝辞

　本書の執筆にあたり，多くの方々からご指導・ご支援をいただきました．執筆の機会を与えて下さった坂井豊貴先生（慶應義塾大学教授）に感謝を申し上げます．滝村竜介常務理事（公益財団法人三菱経済研究所）には本書の草稿に対して，示唆に富むコメントと細やかな原稿の確認を頂き執筆の大きな一助となりました．また，本書の分析に対して，濱秋純哉先生（法政大学准教授），河井啓希先生，山田篤裕先生，中嶋亮先生（以上慶應義塾大学教授）から有益なコメントを頂きました．慶應義塾大学・滋賀大学・シドニー工科大学・上智大学・東北大学・一橋大学・医療科学研究所でのセミナー及び関西労働研究会・東京労働経済学研究会における私の研究報告に対して参加者の方から数々の有益なコメントを頂いたことは，多くの面で本書の内容の改良につながりました．また，分析にあたり必要なデータ収集及び加工に平野邦彦氏（慶應義塾大学4年）から丁寧な研究補助を頂きました．ここに記して深く感謝申し上げます．

2019年1月

井深　陽子

目次

第1章　景気変動と健康の関係：先行研究の知見　　1
1.1　景気変動と健康の関係：国別の結果　　1
1.2　景気変動と健康の関係の背後にあるメカニズム　　2
1.2.1　景気循環的な影響　　2
1.2.2　景気非循環的な影響　　3
1.3　なぜ結果が混在するのか　　4

第2章　日本の長期データを用いた分析　　9
2.1　データと手法　　9
2.1.1　実証分析のモデル　　9
2.1.2　データ　　9
2.2　分析結果　　15
2.2.1　景気変動と死亡率の関係　　15
2.2.2　景気変動と死亡率の関係の時系列での変化　　16
2.2.3　死因別の分析　　18
2.2.4　年齢別の分析　　24

第3章　おわりに　　27

第4章　補論　　31
4.1　有効求人倍率と失業率の関係について　　31
4.2　推定結果の詳述　　32
4.3　失業率を用いた分析　　35

参考文献　　37

第1章

景気変動と健康の関係：先行研究の知見

1.1 景気変動と健康の関係：国別の結果

　景気変動と健康の関係は雇用政策や公衆衛生政策など政策的な重要性から古くから注目を集めてきた．景気変動と健康の関係を実証的に分析する際に最も多く使用される健康指標は死亡率である．死亡率は，その客観性とデータの利用可能性の高さから，経済分析においても広く使用される健康指標の一つである．

　景気変動と死亡率との関係は，Brennerによる一連の研究が先駆的である (Brenner 1971; 1975; 1979)．景気の後退が，健康に負の影響を与える，つまり死亡率を増加させるという結果は当初，米国と英国[1]の長期データを用いて示された (Brenner, 1971; 1979)．この景気後退が死亡率を上昇させるという結果は「景気非循環的 (counter-cyclical)」と呼ばれる．

　この研究結果とは対照的に，Ruhm (2000) に始まる米国の一連の研究は，自殺以外の死亡率は景気後退期に不変か減少するため，結果として一国全体の平均的な影響は景気後退期に死亡が減少する「景気循環的 (pro-cyclical)」な傾向を示す．この米国の結果は，カナダ (Arriizumi & Schirle, 2012)，ドイツ (Neumayer, 2004)，OECD諸国 (Gerdtham and Ruhm, 2006)，EU諸国 (Toffoulutti & Suhrcke, 2014; Tapia Granados and Ionides, 2017)，アジア太平洋諸国 (Lin, 2009) の死亡率のデータを用いて検証されている．また死因としては，事故による死亡，心臓疾患，そしてインフルエンザや肺炎による死亡が景気拡大期には増加する傾向が強いことが示された (Ruhm, 2000; Ruhm, 2005;

---

[1] より正しくは，イングランドとウェールズである．

Ruhm 2007; He, 2016）．日本のデータを用いた唯一の研究である Tapia Granados（2008）も1950年代から1990年後半のデータに基づき，同様の結果を示している．この研究は，一連の先行研究と整合的に，景気後退期に死亡率が減少することを示し，この背後には心疾患，肺炎，事故による死亡の減少が自殺の増加を上回ることがあることを指摘している．

さらに，このマクロ経済状況の悪化の際に健康が改善するという結果は，死亡率以外の健康指標を用いても示されている．米国のデータを用いて報告疾病数および活動に制限のある日数，またノルウェーのデータを用いて障害の有無や肥満などを用いた分析は，景気変動が健康に与える影響は景気循環的であることを示している（Ruhm, 2003; Haaland and Tell, 2015）．

しかしながら，現在大勢を占める景気循環的な影響の結果に関して，例外が二点あることを指摘しておきたい．第一に，最近の研究は米国においてこの景気循環的な影響が弱まっていることが挙げられる（Ruhm, 2015）．米国の1970年代以降の長期時系列のパネルデータを用いて，景気変動が死亡率に与える影響の時系列での変化を分析した結果，長期的なトレンドとして景気変動が健康状態に与える影響は，時間とともに0方向に向かっていることが示されている．その理由として，景気悪化の際の薬物中毒死やがんによる死亡の増加が挙げられている．

第二に，スウェーデンでは一貫して景気循環的な影響がみられないと報告されており，この背景には，自殺に加えて心疾患とがんによる死亡が不況期に増加するという先行研究と矛盾する方向の結果が示されているが，スウェーデンでなぜこのような結果が得られたのかは，十分に議論されていない（Gerdtham and Johannesson, 2005）．この結果と整合的に，スウェーデンの個票データを用いた分析は，急性心筋梗塞の発生や死亡は，景気後退期に20〜49歳の男性において増加することが示されている（Svensson, 2007）．

1.2 景気変動と健康の関係の背後にあるメカニズム

1.2.1 景気循環的な影響

景気後退は，アルコール摂取という健康行動の変化や所得の減少を通じた医療サービスへのアクセスの低下，また精神的な影響を通じて，健康に負の影響を与え死亡率を増加させる（Brenner, 1975; Goldman-Mellor et al., 2010）．

この結果の一部は，多くの国で繰り返し報告されている景気後退による自殺の増加と健康に負の影響を与えるという意味で整合的である（Ruhm, 2000; Tapia Granados, 2005; Chang et al., 2009; Tapia Granados, 2008; Stuckler et al., 2009; 薄田，2014）．

景気悪化が健康に与える負の影響の背景にある要因として最初に考えられることが失業の影響である．失業や不安定な就業が死亡のリスクを高めることは個票データを用いた分析によって示されており（Gerdtham and Johannesson, 2003; Perlman and Bobak, 2009; Halliday, 2014; Sullivan and von Watcher, 2009），この影響は医療費の増加という形でも現れている（Kuhn et al., 2009）．失業が健康に与える影響は，省略変数バイアスなど内生性により因果効果を推定することが困難であるが，工場の閉鎖という外生的なショックを利用し内生性をコントロールした上でも同様の結果が示されている（Browning and Heinesen, 2012）．

また，景気後退は，所得の減少やそのリスクを通し果物・野菜の摂取を減少させるという生活習慣を変える可能性や（Dave and Kelly, 2012; Di Pietro, 2018），ストレスによる過度の飲酒への従事を増加させることが指摘されている（Dee, 2001）．最後に，移住がもたらす人口構成の変化による地域の健康状態の変化も指摘されている．景気が良い地域には人口流入が起こる可能性が高いが，流入人口に健康状態が相対的に良好である個人が多く含まれれば，景気拡大が地域の平均的な健康状態を押し上げる可能性がある．実際に米国の研究は，移住選択と個人の健康状態の関係があることを示しており，景気拡大に伴い地域レベルで観察される健康状態は改善する可能性が示されている（Halliday, 2007）．

1.2.2　景気非循環的な影響

一方で，景気悪化が健康に与える正の影響として次の3点が挙げられる．第一に，景気後退期に賃金率が下がることで余暇時間が増加することから生じる健康への影響である．景気後退には市場において相対的に賃金率が低くなることから，労働市場が柔軟な国においては，個人は，労働と余暇の選択において余暇時間を増加させ，あわせて健康増進活動という健康への投資時

間を増加させる可能性がある[2]．実際に，景気変動と時間利用の関係を分析した研究は，景気後退期には労働時間が減少するとともに余暇時間や健康投資行動に従事する時間が増加することを示している（Aguiar et al., 2013）．また，景気変動は健康増進活動を変化させることが Ruhm（2005）により示されており，さらに Xu（2013）は景気拡大による賃金率の増加が，運動や病院への通院という健康増進活動減少させることを示している．同様に，Ahn（2015）は個人の労働時間の減少が定期的な運動への従事を増加させることを示している．

第二の影響として，景気後退期の一時的な所得の低下による健康に悪影響を与える財消費の減少があげられる．実際に，景気後退期には，酒類やたばこなどの嗜好品の消費が減少することが明らかにされてきた（Ruhm, 1995; Ruhm and Black, 2002; Ruhm, 2005）．

第三に，個人の機会費用や所得変化から生じる行動変化以外の周囲の環境の変化を通じた健康状態の変化である．景気後退期の生産活動の低下により，公害などの健康リスクへの曝露が減少することが示されている（Cutler et al., 2016）．また，景気後退期には市場全体での労働需要が減少することで，介護施設労働者の質が改善するという経路を通じた高齢者の健康への影響も指摘されている（Miller et al., 2009; Stevens et al., 2011）．あわせて，交通事故による死亡が景気後退期には減少することも指摘されている（He, 2016）．

1.3 なぜ結果が混在するのか

景気が健康に与える影響に関する実証結果は，常に議論を呼んできた．とりわけ，景気循環的であるという結果は失業が健康に与える影響と直感的にも矛盾することから，結果を懐疑する声もあった．本研究の分析内容を先行研究との関係において明確にするために，分析に先立ち，実証研究の結果が

---

[2] 例えば，もっとも基本的な余暇・消費の選択モデルでは，賃金上昇が労働供給量に与える影響は所得効果と代替効果の影響の強さにより決定され，労働供給関数は後方屈曲であることが導かれる．ここでは，屈曲点に達する前，すなわち代替効果が所得効果を上回っている状態における，「賃金率が上昇すると労働時間が増加する」という状況を念頭においている．

混在することに対する分析上の理由を整理する．

　実証研究結果が混在する第一の理由として，モデルの特定化の相違による結果の違いが挙げられる．Brennerの研究は時系列方向での景気指標の変動のみを利用する手法をとっており，またその手法はその後も一部の研究には採用され続けたが，主に景気変動や健康状態と同時に変化する省略変数の影響が除去できないという理由で批判を受けた (Ruhm, 2000)．これを受けて，Ruhm以降の研究は主に時系列方向だけではなく地域間のマクロ経済指標を用いた手法が使用される様になった (Laporte, 2004)．時系列か，横断面か，またはその両方であるか，マクロ経済指標におけるいずれの差異をとるのかという選択は，景気変動の影響を見る際に，景気のどの側面をとらえたいのかという問題とも関係がある．仮に，国全体の影響ではなく個人が居住している地域の経済状況を個人が直面する「景気」であると考えるのであれば，景気変動の影響を分析する際にパネルデータを用いて時系列と地域の二方向での差異を利用することは，省略変数バイアスの制御という観点から妥当な選択であると考えられる．Brennerの研究とRuhmに続く研究は，前者が時系列データ，後者がパネルデータと異なる手法を採用しており，また結果は前者が景気非循環的，後者が循環的であることを示している．

　ただし，モデルの特定化の相違は結果に影響を与えるものの (Lin, 2009)，時系列データに基づく分析が必ず景気非循環的であるという結論と結びつくわけではない．例えば，時系列の変動を利用する方法を採用しているTapia Granados (2008) の研究では，景気循環的な結果を得ている．この研究は，長期のマクロデータを用いて時系列方向の景気指標の変動を用いて二者の相関を分析する方法を用いており，これはBrennerの研究から踏襲されている方法である．いずれにせよ，時系列の分析を行うのか，それともパネルデータの分析を行うのかによって，分析の対象とする「差異」の源泉が同一でないため，モデルの選択により結果が異なる可能性がある点は確かである．

　第二に，第一の点と関連する点でもあるが，景気指標の集約の程度が結果に与える影響である．景気指標は，個人（本人の就業状態），地域レベルでの失業率（本人が直面する労働市場環境と経済状況），国レベルでの失業率（居住国全体の経済状況），のどのレベルを用いるのかによって，景気という

言葉で表されるものが実際何を表しているのかが異なる．本人の就業状況を説明変数とした分析においては，「個人の就業状態や失業が，所得・賃金などの経済変数の変化やストレスなどの心理的変化を通じてどのような影響があるのか」が分析の対象である．

一方で，景気変動が健康状態に与える影響は，前者の定義に比べ広範な影響を含む．地域レベルの失業率はこのような個人の就業状況の変化から受ける影響だけでなく，外部の経済環境の変化，例えば大気汚染などの周囲の環境の変化から受ける影響も含まれる．国レベルでの失業率を用いる場合には，これに加えて，国レベルでの政策の変化や新しい技術の導入などの影響が景気の影響に反映される可能性もある．この点に関連する興味深い研究として，景気指標がどのレベルで測られるかによって結果がどのように異なるのかについて分析した研究がある（Lindo, 2015）．既存研究の多くは地域レベルの失業率を景気指標として使用するが，地域レベルとしては州またはそれに相当する行政単位を利用してきた．Lindoは，州レベルと群レベルという二つのレベルでの景気指標を利用して結果がどのように異なるかを分析した．群レベルでは影響の程度が減少することを示し，その理由として景気が健康に及ぼす影響には周囲の地域から受けるスピルオーバー（拡散）の影響が重要な役割を果たすことを説明している．

第三に，対象の選択である．景気変動の健康に対する影響を考える上で，失業と労働時間の短縮，つまり労働におけるいわゆるイクステンシブ・マージン（労働するか否かの選択）とインテンシブ・マージン（労働時間の増減）が与える影響を区別して考える必要がある．個人の失業が健康状態に与える負の影響は，前述の通り繰り返し指摘されている．一方で，景気後退期にすべての個人が失業経験をするわけではなく，雇用されている個人については労働時間が短縮することが余暇時間の増加や健康に対する正の影響につながることが理論的には考えられる．このように，景気悪化が健康に与える影響は，個人の労働環境が景気変動とどのように関係するかにより異なると考えられるだろう．国全体での景気が健康に与える影響の評価は，上記の二つの影響のうちどちらが上回るのかにより相反する結果となる．

このように，結果は手法の選択や分析の対象者に依存する．本研究は

Ruhm に始まる先行研究の流れを踏襲し，マクロ経済変数の地域と時系列の両方の差異を利用し，地域レベルの失業率の変動が一国全体では平均的にどのような影響を与えるのかについて検証する．

第2章
日本の長期データを用いた分析

2.1 データと手法

2.1.1 実証分析のモデル

本研究では 1978 年から 2016 年の都道府県パネルデータを用いて以下のモデルにおけるパラメタを推定する．

$$log\,(Mortality_{j,t}) = Macro_{j,t}\gamma + X_{j,t}\beta + \alpha_t + P_j + P_j T + \varepsilon_{j,t} \tag{1}$$

(1)式において，jは都道府県，tは時間を表す．$Mortality_{j,t}$ は都道府県の死亡率，$Macro_{j,t}$ は有効求人倍率を表わす．また，$X_{j,t}$ は制御変数であり，都道府県レベルの属性のうち都道府県の人口構成，気候，医療資源密度など時間とともに変化する変数を表す．α_t は時間固定効果，P_j は都道府県固定効果，$P_j T$ は各都道府県に固有の線形トレンドを表す．時間固定効果は，全国レベルでの政策の導入の影響など，それぞれの年に起きた全国レベルの固有のショックを制御する．都道府県固定効果は，時間を通じて不変の都道府県固有の影響を制御する．具体的には，経済や産業における特性，健康に影響を与える文化・生活習慣的要因などを含む．さらに，都道府県固有の線形トレンドは，例えば，長期的には減少傾向にある死亡率のトレンドのうち，各都道府県固有のものを除去する役割を果たす．本稿で関心のある係数は景気指標の係数である γ である．

2.1.2 データ

本研究では，健康の指標として都道府県別死亡率，景気指標として都道府県別有効求人倍率を利用する．また，制御変数として，都道府県の人口構成，

気候，医療資源を用いる．以下，データの出所を記述する．なお，分析に際して1995年の阪神淡路大震災の影響を強く受けた兵庫県，および2011年の東日本大震災の影響を受けた岩手県，宮城県，福島県のデータを当該年に関して除外した上で分析を行った．

被説明変数

都道府県別死亡率は，厚生労働省「人口動態調査」および「人口動態統計特殊調査報告」の各年に報告された値を用いる．具体的には，1) 都道府県別粗死亡率（人口千対，1978～2016の各年），2) 都道府県別年齢調整死亡率（死因別の報告値，人口10万対，1980, 1985, 1990, 1995, 2000, 2005, 2010, 2015の各年），3) 都道府県別死因（死因簡単分類）別死亡率（人口10万対，1995～2016の各年），4) 都道府県別年齢群別死亡率（人口10万対，1995～2016の各年）を用いる．3) 都道府県別死因別死亡率は，各年において都道府県別の性別死因別死亡数を人口動態調査都道府県別性別人口で除して求めた．また，4) 都道県別年齢群別死亡率は，各年において5歳階級で報告された値を各年齢階級の都道府県の総人口（住民基本台帳報告値）で除した上で，20歳未満，20代，30代，40代，50代，60代，70歳以上の七群を設定し，5歳階級の値を足し合わせて各年齢群の値を計算した．

2) と3) に関しては，都道府県別年齢調整死亡率が報告されている死因分類のうち，人口10万人あたりの死亡数がすべての年において10人を超える死因を選択した．互いに背反な死因の分類を基本とし，先行研究の結果が心疾患と事故に関しては特に景気変動の影響を強く受けることを指摘していることに鑑み，心疾患における副分類として急性心筋梗塞と心不全を，不慮の事故の中からは副分類として交通事故をあわせて分析対象とした．

説明変数

地域の景気変動を表す指標として，都道府県有効求人倍率を用いる．先行研究においては，短期の景気変動を表す指標として失業率が用いられているが (Ruhm, 2000)，本研究では，次の二つの理由により有効求人倍率を分析に用いる．第一の理由は，都道府県別の失業率の推計に用いられている労働力

調査は，都道府県を代表する形での標本設計を行っていないことから，全国レベルの推計値と比べ精度が劣る可能性が指摘されている点である．第二の理由は，都道府県別の完全失業率の推計値は，1997年以降のみ公表されている．本研究は，長期の変動を追うことを目的としているため，より長期にわたりデータが公表されている都道府県別有効求人倍率を利用する．有効求人倍率は，実質GDPや新規求人数，あるいは鉱工業生産指数のようなマクロ経済指標の中でも，完全失業率との間の相関が高いことが指摘されている（厚生労働省，2013）．

都道府県有効求人倍率は，厚生労働省「一般職業紹介状況」において報告されている都道府県の四半期ごとの季節調整済み有効求人倍率の1978年から2016年において，各年の平均値を用いた．

景気変動を表す有効求人倍率と完全失業率という二つの指標がどの程度関連しているかは，失業率を主要な景気変動の指標として用いている多くの先行研究との間で結果の整合性を解釈する際に重要である．そこで，有効求人倍率と完全失業率との間にどのような関係があるかを精査した上で（補論4.1），都道府県推計値が利用可能である期間には，完全失業率を景気指標として用いた分析をあわせて行った（補論4.3）．

制御変数

本研究では，制御変数として人口構成，気候，医療資源密度を表す変数を用いた．人口構成としては，0〜14才人口割合，15〜64才人口割合，65才以上人口割合（以上%）を説明変数として用いた．ただし，被説明変数が年齢別死亡率の分析においては，被説明変数が年齢の影響を受けないことから，人口割合は制御していない．年齢三階級人口割合は，1996〜2016年（2000年）については「人口推計」各年10月1日の各都道府県の現在人口に基づき公表された値である．また同様の形式で現在人口が明らかでない1995年以前及び2000年については，「国勢調査」に基づいた割合を使用し，データが利用可能でない国勢調査の実施年以外の年については，直近の二時点間の情報を用いて線形補完した．気候に関する変数としては，「都道府県・市区町村のすがた（社会・人口統計体系）」を出所とする年間平均気温，年間最高気温，

表 2.1 記述統計

	N	平均値	標準偏差	最小値	最大値
粗死亡率[a]	1,833	8.44	1.98	4.20	17.10
有効求人倍率	1,833	0.84	0.40	0.12	2.68
(参考) 完全失業率[b]	940	4.03	1.09	1.70	8.40
0-14才人口割合[b]	1,833	17.00	3.85	10.30	30.21
15-64才人口割合[b]	1,833	65.07	3.53	54.50	74.74
65才人口割合[b]	1,833	17.92	6.31	5.82	34.70
年間平均気温[c]	1,832	15.20	2.41	7.70	24.40
年間最高気温[c]	1,833	31.49	2.03	23.50	36.10
年間最低気温[c]	1,833	2.36	2.43	0.00	16.20
年間晴天日数	1,818	30	16	2	85
年間降雨日数	1,832	118	28	59	202
年間日照時間[d]	1,829	1942	230	1315	2500
病院数[e]	1,833	8.62	3.31	3.73	19.46
診療所数[e]	1,833	71.30	13.54	35.15	110.7
病床数[e]	1,833	1404	363.1	594.3	2664
医師数[e]	1,833	193.5	51.47	70.86	334.9
薬剤師数[e]	1,833	147.6	53.63	43.98	358.3
看護師数[e]	1,833	536.4	269.2	82.51	1409

注) a: 対人口千人；b: %；c: 摂氏度；d: 時間；e: 対人口10万人. 完全失業率は都道府県別のデータが公表されている1997年から2016年のデータを参考として示す. 各データの出所は本文を参照のこと.

年間最低気温 (以上摂氏の度数), 年間晴天日数, 年間降雨日数, および日照時間 (年間あたり時間) を含む. 医療資源密度を表す指標としては, 病院数, 診療所数, 病床数, 医師数, 薬剤師数, 看護師数 (すべて人口10万人あたり) を含む. 病院数, 診療所数, 病床数については厚生労働省「医療施設調査」, 医師数, 薬剤師数は厚生労働省「医師・歯科医師・薬剤師調査」, 看護師数については「都道府県・市区町村のすがた (社会・人口統計体系)」でそれぞれ報告された値を, 各年の都道府県人口を用いて人口10万人の率へと変換した. なお, 医療施設調査は隔年調査であるため, 調査対象でない奇数年については前後の年の平均値を用いて補完した.

表2.1は主要な変数の記述統計表を示す. 粗死亡率の平均値は人口千人あたり8.44人である. 粗死亡率の長期的な動きとしては, 粗死亡率のデータが存在する1935年の水準からは1960年代までに大幅に低下しその後も緩や

第 2 章 日本の長期データを用いた分析

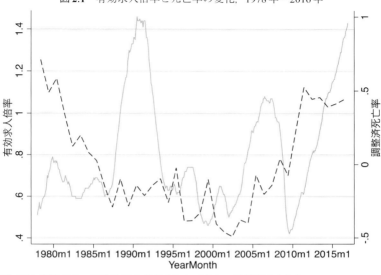

図 2.1 有効求人倍率と死亡率の変化, 1978 年～2016 年

出所) 厚生労働省「一般職業紹介状況」および「人口動態調査」各年.
注) 実線は有効求人倍率, 点線は調整済死亡率を表す. 有効求人倍率は季節調整済の月次データ. 調整済死亡率は, 粗死亡率の月次データから月次ダミーと年トレンドを除去した上で, 季節変動を除去するために年平均値に直したもの.

かに低下する傾向が続いていたが, 分析期間の初年である 1978 年頃を境に上昇に転じ (補論 4.1 図 4.3), 40 年あまりの間に 6.79 人/千人 (1978 年) から 11.58 人/千人 (2016 年) となった. 一方で, もう一方向の差異である地域差としては, 分析期間の平均値は最高 10.53 人 (高知県) と最低 5.96 人 (神奈川県) と 4.5 人程度の差があり, 時系列・地域の両方において粗死亡率に差があることが分かる.

次に, 有効求人倍率の期間を通じた平均値は 0.84 である. 前述の粗死亡率と同様に時系列方向の差と地域差の両方が認められる. 具体的には, 時系列での変動は, 経済危機後の 2009 年に 0.46 と最低値をとり, 期間内最高値であるバブル経済末期の 1991 年の 1.56 との間に約 1.1 ポイントの差がある. 地域差としては, 分析期間を通した平均値の都道府県での差異は, 最低が沖縄の 0.35 と最高が愛知県の 1.28 であり, 時系列での変動がわずかながら大

13

表 2.2 年齢調整済死因別死亡率（対10万人，男女別）

		N	平均値	標準偏差	最小値	最大値
男性	結核	376	3.56	3.51	0.2	18.8
	悪性新生物	376	201.15	23.57	132.4	263.4
	糖尿病	376	7.75	1.88	3.5	13.5
	高血圧症	376	5.67	5.71	0.6	30.7
	心疾患	376	106.26	35.05	42.3	182.2
	急性心筋梗塞	376	29.72	9.15	8.6	52.6
	心不全	376	42.86	28.96	6.5	103.1
	脳血管系疾患	376	96.14	53.10	26.4	270.5
	肺炎	376	52.00	10.13	26.5	84.6
	慢性閉塞性疾患（COPD）	376	10.72	2.70	5.6	27.4
	喘息	376	4.44	3.57	0.1	14.8
	胃潰瘍	376	3.24	2.31	0.5	14.8
	肝疾患	376	16.55	7.37	5.9	43.2
	腎不全	376	9.58	2.53	4.1	18.3
	老衰	376	14.52	11.32	2.7	56.3
	不慮の事故	376	35.98	10.78	13.9	116.1
	交通事故	376	14.81	6.68	2.5	33
	自殺	376	27.45	6.44	14.6	52.2
女性	結核	376	0.99	0.98	0	5.2
	悪性新生物	376	101.37	11.80	75.2	131.6
	糖尿病	376	5.05	2.03	1.7	12.4
	高血圧症	376	5.08	5.23	0.6	27.9
	心疾患	376	63.36	26.00	23.9	122.6
	急性心筋梗塞	376	14.17	5.31	3.1	27
	心不全	376	28.98	19.15	6.7	74.7
	脳血管系疾患	376	62.83	39.42	16.6	189.7
	肺炎	376	23.29	5.41	10.7	38.4
	慢性閉塞性疾患（COPD）	376	2.14	1.13	0.3	9.5
	喘息	376	2.12	1.56	0	7.3
	胃潰瘍	376	1.57	1.20	0.1	6.7
	肝疾患	376	5.81	2.69	1.2	15.6
	腎不全	376	6.02	1.79	2.8	13.1
	老衰	376	15.52	11.11	4	58.7
	不慮の事故	376	13.08	5.75	4.7	107.3
	交通事故	376	4.67	2.17	0.6	11.7
	自殺	376	10.91	2.34	5.4	18.9

出所）厚生労働省「人口動態統計特殊調査報告」1980, 1985, 1990, 1995, 2000, 2005, 2010, 2015年．

きい．被説明変数と説明変数の時系列での変化を図2.1に示す．

人口構成は粗死亡率に影響を与えるもっとも重要な要因であると考えられるが，地域及び時系列での差は顕著である．標本における0～14才人口割合は，最小値と最大値の間で20％ポイント近くの差がある．高齢者人口については，差はさらに10％ポイント程度大きい．同様に，医療資源密度にも差が認められる．各年における医療資源密度の変数間の相関を計算するとすべての変数の間に統計的に有意な正の相関があり，その相関は病院数と病床数，および医師数と看護師数の間で高い．

表2.2は年齢調整済死因別死亡率に関する記述統計を表す．男女ともに悪性新生物による死亡がもっとも多いが，男性が女性に比べて死亡率が高い．心疾患，脳血管系疾患による死亡がそれぞれ続く．

2.2 分析結果

2.2.1 景気変動と死亡率の関係

1978年から2016年の間の景気変動が死亡率に与える影響を推定した回帰分析の結果を表2.3に示す．モデル1は説明変数として有効求人倍率のみを含んだモデルの回帰分析の結果を表す．有効求人倍率が0.1ポイント上がると死亡率が0.025％増加する．この有効求人倍率と死亡率の間の関係は，都道府県固定効果を制御し，時系列での死亡率と景気変動の関係を分析したモデル2や，逆に時間固定効果のみを制御し，同一年での地域間の差異を用いて両者の関係を分析したモデル3ではより大きな効果として現れる．しかしながら，時間と都道府県の固定効果および都道府県別線形トレンドを制御したモデル4においては，符号は逆転する．すなわち，有効求人倍率が上昇する，つまり景気が拡大すると，死亡率は減少するという景気非循環的な方向へと転じる．推定値の規模は，人口構成などの時間を通じて変化する地域の属性を制御したモデル5において減少するものの，同じ定性的傾向を示す[3]．

このように，1978年から2016年のデータを用いた分析は，「景気が良い時には粗死亡率が減少する」という景気非循環的な結果を示した．この結果は，

---

[3] モデル5に関する回帰分析結果全体については補論4.2を参照のこと．

表 2.3 景気変動が死亡率に与える影響, 1978 年〜2016 年

	モデル 1	モデル 2	モデル 3	モデル 4	モデル 5
有効求人倍率の係数	0.0252*	0.0422***	0.0455***	−0.0206***	−0.0124***
標準誤差	[0.0131]	[0.0138]	[0.0138]	[0.0034]	[0.0030]
N	1829	1829	1829	1829	1811
決定係数	0.002	0.409	0.499	0.994	0.995
都道府県固定効果	No	Yes	No	Yes	Yes
時間固定効果	No	No	Yes	Yes	Yes
都道府県別線形トレンド	No	No	No	Yes	Yes
制御変数	No	No	No	No	Yes

*$p<0.1$; ** $p<0.5$; *** $p<0.01$

これまでの先行研究において繰り返し報告されてきた結果と異なるものである．この結果の背景にどのようなことが起こっているのかを理解するために，以下追加的な分析を行い，なぜ日本においては景気が良い時に死亡率が減少するのかについて考察していく．

2.2.2 景気変動と死亡率の関係の時系列での変化

前小節で得られた景気が拡大すると死亡率が減少するという結果を考察するために，結果が 40 年間という分析期間を通して頑健であるかどうかを確認することから始めよう．長期の関係性の推移を分析した Ruhm（2015）で用いられた方法を用いて，景気変動と死亡率との間の関係が時間とともにどのように変化するのかを分析した．図 2.1 は，異なる観察期間を設定した上で表 2.3 のモデル 5 の推定を繰り返して得た有効求人倍率のパラメタの推定値をプロットしたものである．

パネル (a) は分析開始年を 1978 年に固定した上で，X 軸の各年を分析終了年としてサンプルを分割し得た推定値のプロットを表す．つまり，パネル (a) の X 軸の 2016 年における値が，全期間のデータを用いた表 2.3 のモデル 5 の結果に対応する．分析期間を後方に伸ばすにつれて，緩やかではあるが係数の値は下方に下がっている傾向が示されているが，期間内では概ね −0.01 の付近に位置している．

パネル (b) は分析終了年を 2016 年に固定した上で，X 軸の各年を分析開

始年としてサンプルを分割し得た推定値のプロットを表す．この場合は，X軸の1978年における値が表2.3のモデル5の結果に対応する．分析開始年を後年に移動させ分析期間を短縮するにつれて，死亡率との関連は低下していく．より近年のデータを用いた分析においては，景気変動と死亡率との間の負の関係性は弱くなることが示されている．

パネル (c) はX軸で示される各年から20年間のデータを用いて得た推定値のプロットである．すべての結果において20年分に限定したデータを用いて分析しているため，表2.3のモデル5の結果に対応する結果は含まれていない．すべての年において，統計的に有意な影響は見られないが，影響の程度の変化は分析期間において一定のトレンドを示すものではなく，0と−0.01の間を循環している傾向が示されている．

これらの結果から，有効求人倍率と死亡率との間に統計的に有意な負の相

図2.2 景気状況が死亡率に与える影響の時系列での変化，1978年〜2016年

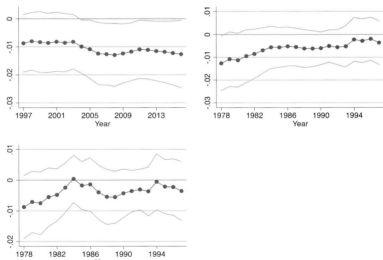

注) 図は異なる観察期間において求められた (1) 式の有効求人倍率の係数γの推定値（黒実線）と95%信頼区間（グレー実線）を表す．左上 (a)：1978年からX軸に示された各年とのデータを用いた分析．右上 (b)：X軸に示された各年と2016年の間のデータを用いた分析．左下 (c)：X軸に示された各年から始まる20年分のデータを用いた分析．

17

関があることを示した表2.3の結果は，強く安定的なものではなく，結果は観察期間に依存することがわかる．とりわけ，この負の相関は，1978年から1980年代初頭の分析期間のごく初期の関係性に牽引されており，この期間を除いた分析においては関係性が弱まることがわかる．また，二者の関係性は，観察期間の40年あまりの間を通して，強まり続ける，または弱まり続けるといった一方向へのトレンドは見られない．この長期の二変数間の関係には，1970年以降の40年間の分析期間において，死亡率の循環的な関係が徐々に弱まって行くことを示した米国の研究のような明確なトレンドは見受けられない．

次に，分析期間をさらに短くした場合にどのように結果が変化するかについてみてみよう．図2.2 (c) では，分析期間を20年と設定した上で景気指標と死亡率の関係を分析した．20年という年数の選択は恣意的なものであるから，分析期間の20年を5年，10年，15年と変化させた上で同様の分析を行った．結果は，図2.3に示す．分析期間を短くするにつれ，時間を経るごとの係数の変化が大きくなり，一定の傾向は極めて見えにくくなる．図2.3 (a) は1990年代前半において大きな負の影響が一時的に見られることを示しているが，この影響も10年，15年と時系列方向でサンプルを増加させるにつれて弱まっていくため，一時的な影響であると考えられる．この背景には，図2.1で示されるように1991年から1993年のバブル崩壊による大幅な有効求人倍率の低下の影響を反映している可能性がある．

このように，図2.3では異なる観察期間を用いて分析した場合にも，分析期間内に時間とともに一方向に変化するようなトレンドは見られないことが確認された．図2.2と図2.3の結果から，表2.3で当初示唆された景気の上昇が死亡率に与える負の影響は，観察期間を通して永続的にみられる強いものではなく，景気変動が死亡率に与える影響は観察期間の設定に感応的であることが示唆された．

2.2.3 死因別の分析

これまでの結果は，1978年から2016年の間に日本において景気の拡大が健康状態に与える影響は正であるものの，その影響は分析期間全体を通して

図 2.3 景気状況が総死亡率に与える影響：異なる期間の分析，1978 年〜2016 年

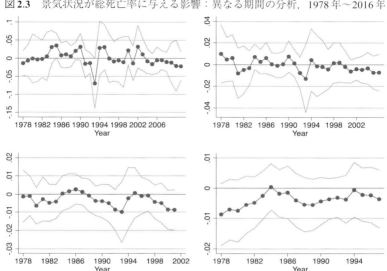

注）図は異なる観察期間において求められた (1) 式の有効求人倍率の係数 γ の推定値（黒実線）と 95％信頼区間（グレー実線）を表す．左上 (a)：X 軸に示された各年から始まる 5 年分のデータを用いた分析．右上 (b)：X 軸に示された各年から始まる 10 年分のデータを用いた分析．左下 (c)：X 軸に示された各年から始まる 15 年分のデータを用いた分析．右下 (d)：X 軸に示された各年から始まる 20 年分のデータを用いた分析．

見られるものではなく，観察期間を 20 年に絞った分析では，分析期間を通して統計的に有意ではないことが示された．景気変動が死亡率に与える影響に関する先行研究は，景気変動と死亡率の関係は死因により異なることを示しており，景気変動と死亡率の関係は，各死因別死亡に与える影響の平均的な影響を示すものである．日本において観察期間に死亡率に与える影響が弱くしか見られない理由として，死因別死亡に与える影響が異なる死因または個人の属性間で打ち消し合っている，つまり景気変動は死亡率に影響を与えるが，効果が相殺されている場合，が考えられる．

図 2.4 は有効求人倍率が死亡率に与える影響を死因別に示したものである．特筆すべき点として，男女間で，景気変動が死亡率に与える影響にゆるやかな違いがみられることが挙げられる．女性においては，これまでの先行研究

19

で示唆された景気拡大期に死亡率が増加する景気循環的傾向が幾つかの疾病で統計的に有意にみられる．一方で，男性においては逆に景気拡大期に死亡率が減少する影響が，幾つかの疾病で統計的に有意に検出されている．また，男性においては脳血管疾患と肺炎を除くすべての疾患で値が0以下となっており，概ね景気非循環的な傾向を示している．つまり，大雑把に言って，有効求人倍率は死亡率と男性については負の相関，女性については微弱な正の相関を持ち，男女間で影響に非対称性がみられる．このことから，前述の景気と健康の間の弱い関係性に対する説明として，男女間での影響の方向性の違いが影響を打ち消し合っている可能性が示唆される．

次に，疾病ごとの影響について男女別に詳しくみていこう．男性においては，有効求人倍率の上昇が心疾患に起因する死亡の減少をもたらしていることが示されている．さらに，この心疾患の減少は急性心筋梗塞の減少に牽引されていることが分かる．このような定性的結果は，現在のところスウェーデンでのみ報告されている結果であり，他の多くの国では逆に景気拡大期の

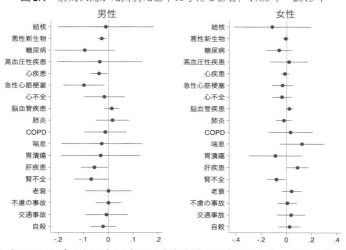

図2.4　景気状況が死因別死亡率に与える影響，1980年〜2015年

注）(1) 式において各死因に起因する死亡率を被説明変数としたモデルを推定した結果のうち有効求人倍率の係数γの推定値（点）と95%信頼区間（棒線）を表す．データは，1980年から5年ごとに公表されている年齢調整済死亡率を使用．

死亡率の増加を牽引する死因として心疾患が挙げられている．また，男性においては景気拡大期に，心疾患以外にも悪性新生物，肝疾患，腎不全による死亡が減少する．これらの中でも，男性にとって影響の規模が大きいものが，急性心筋梗塞，および肝疾患と腎不全である．悪性新生物に関しては標準誤差は小さいものの，係数の大きさは－0.02 程度と他の疾病と比べて半分以下の規模である．

　女性については，肝疾患による死亡が景気拡大期に増加する他，脳血管系疾患についても規模は小さいながら同方向の統計的に有意な影響がみられる．男性と同様に女性においても，景気後退期に腎不全による死因が増加することが示されている．

　男女に見られた肝疾患に起因する死亡に対する影響の違いは，これまでの研究において肝疾患の死亡や関連する過度の飲酒傾向は景気拡大とともに減少と増加の両方を示す結果があり，いずれの場合も先行研究と整合的であると解釈できる．男性の場合は，景気後退期に過度の飲酒が増加するなどの影響があることが考えられるが，女性に対しては所得効果による消費行動の変化が生じている可能性がある．一方で，先行研究とは異なる結果もさらに指摘できる．第一に，交通事故による死亡の減少がみられない点である．先行研究においては，経済活動の低下により事故や交通事故が減少することが指摘されていたが，日本においてはその影響は認められない．日本においては，取り締まりの強化等の施策により，交通事故数は時系列で大きく減少している．このため，景気変動が与える影響は相対的には弱い可能性がある．第二に，景気後退は自殺を増加させることを示しているが，符号の向きとしては整合的であるものの，統計的に有意には確認されない．この点については，より詳細を後述する．

　次に，有効求人倍率が死因別死亡に与える影響の変化を考察するために，1980 年から 1990 年と 1995 年から 2015 年の二期間に分割した分析を行った（図 2.5）．1980 年から 1990 年の分析においては，統計的に有意な影響を与える影響はサンプルサイズが小さくなったこととも関連し，みとめられにくいが，男性において結果と糖尿病について負の影響がみられる．1995 年から 2015 年の分析においては，全期間でみられた男女差が顕著となる．男

図 2.5 景気状況が死因別死亡率に与える影響

(a) 1980 年〜1990 年

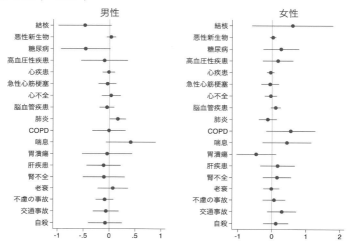

(b) 1995 年〜2015 年

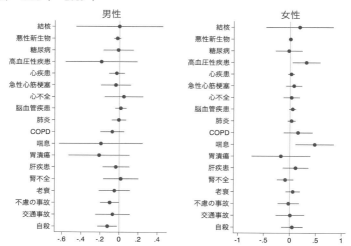

注)（1）式において各死因に起因する死亡率を被説明変数としたモデルを推定した結果のうち有効求人倍率の係数γの推定値（点）と95%信頼区間（棒線）を表す．データは，1980年から5年ごとに公表されている年齢調整済死亡率を使用．

性の負の影響は，不慮の事故，自殺において統計的に有意にみられ，景気後退期にはこれらの死因に起因する死亡が増加することが分かる．また，景気拡大期においては，女性については，高血圧疾患および喘息による死亡が増加する，景気循環的な影響がみられる．

分析に用いた1980年以降の長期のデータは，長期的な傾向の把握には有益であるが，5年ごとの値が報告されておりデータが利用可能でない年の情報を利用することができないため，細かい時系列の景気変動の影響を見逃している傾向がある．そこで，死因別死亡率のデータが各年において利用可能である1995年以降の期間について，同様の分析を行った（図2.6）．この結果は，男性においては前述の結果と整合的な定性的結果を得たが，統計的有意性については自殺のみがあてはまる．女性については，幾つかの点で相違がみられるが，肝疾患と脳血管疾患による影響が統計的に有意に正である点は頑健である．

図 2.6　景気状況が死因別死亡率に与える影響：各年のデータを用いた分析，1995年〜2016年

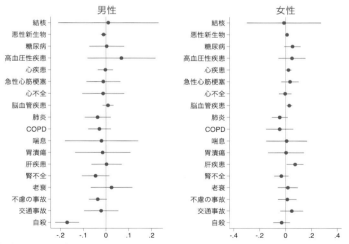

注）(1) 式において各死因に起因する死亡率を被説明変数としたモデルを推定した結果のうち有効求人倍率の係数 γ の推定値（点）と95%信頼区間（棒線）を表す．データは，1995年から2016年の各年における死因別死亡率を使用．

2.2.4 年齢別の分析

最後に，景気からうける影響の男女間の違いについて分析を深めるための切り口として，年齢別の影響の違いを分析する．分析後半の 1995 年から 2016 年のデータを用いて有効求人倍率が死亡率に与える影響を年齢別に分析した（図 2.7）．結果からわかることは次の通りである．第一に，男性にみられる景気非循環的な影響は 70 歳未満の層でみられるものであり，特に 40 代から 60 代においては，この影響は統計的に有意である．この結果は，勤労世代の男性で景気循環的な影響がみられる米国の結果と異なる結果となる．米国において，勤労世代の男性では，景気後退期に健康状態が改善する傾向が強く見られる背景には，影響の背景に労働時間の減少があることを示唆する結果であった．同様のメカニズムを想定すると，日本の勤労世代の男性には労働時間の減少は，仮にそれがおきていたとしても，結果に支配的な影響を及ぼすものではないことが分かる．第二に，女性については 20 歳以下と 70 歳以上において景気循環的な影響がみられるが，20 歳以下での影響

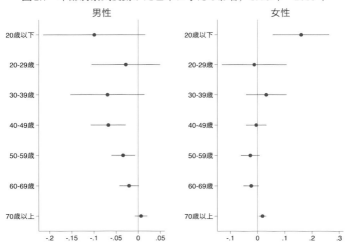

図 2.7 年齢別景気変動が死亡率に与える影響，1995 年〜2016 年

注）(1) 式において各死因に起因する死亡率を被説明変数としたモデルを推定した結果のうち有効求人倍率の係数 γ の推定値（点）と 95％信頼区間（棒線）を表す．データは，1995 年から 2016 年の各年における年齢別死亡率を使用．

が規模では最も大きく，全体の影響はこの年代に影響が牽引されていると考えられる．労働環境や嗜好品の影響を受けにくい世代である小児・若者への影響として環境改善が考えられるが，この点についてはさらなる検証が必要となる．

第3章

おわりに

　本稿の結果から，景気変動が死亡率に与える影響は，1978年から2016年の分析期間の日本においてはこれまで示されてきた結果といくつかの点で異なることが示された．

　第一に，分析期間全体において景気変動が死亡率に与える影響は，Ruhm以来の先行研究で示されてきた景気循環的，つまり景気が上昇すると死亡率が上昇する方向ではなく，逆の方向性を示す．ただし，この影響は分析期間に依存し分析期間をわずかに変更すると検出されなくなり，研究期間を通して存在する安定的な結果ではない．景気拡大が死亡率に与える正の影響は，1980年代初頭までの影響を反映していると考えられ，それ以降には景気変動が健康状態に与える影響は0に近くなる．また，米国の研究では，景気変動と死亡率の関係は近年弱まっていることを示したが，このような時間通じた明確なトレンドは日本のデータにおいてはみてとることが出来ない．

　第二に，景気が拡大する時に心疾患，中でも急性心筋梗塞による死亡が減少することが示された．この結果は，スウェーデンで報告されている結果と整合的な結果であるが，他の大部分の先行研究とは異なる結果である（Svensson, 2007）．景気後退が健康状態に与える正の影響のひとつとして，心疾患に由来する死亡の減少が挙げられ，その背景には労働時間の減少が指摘されているが（Ruhm, 2005; 2007），日本においては景気後退期におこるこのメカニズムが支配的ではない可能性がある．この解釈は，年齢別の死亡率に与える影響において，男性の勤労世代，特に40代以上の世代において，景気後退は死亡率を増加させる方向へと働くこととも整合的な結果である．

　第三に，景気変動が死亡率に与える影響は，男女で異なる可能性がある．特に，男性は1995年以降の景気悪化が自殺の増加につながる他，多くの死

因において統計的に有意ではないにせよ傾向としては景気非循環的な傾向を示す．また，女性では逆に肝疾患に起因する死亡で景気循環的な傾向を示した．このような男女の違いは，景気変動と健康状態の関係を示すメカニズムのうち特に男女間での違いが大きい労働環境に起因するとも考えられるが，この違いを説明するためには，特定のメカニズムの因果効果を男女別で検証する必要がある．

次に，影響の規模について若干の解釈を加える．本稿は先行研究と異なる有効求人倍率を景気指標として用いた．先行研究と直接の比較はできないため，分析期間中の1ポイントの有効求人倍率の上昇は2.6％ポイントの失業率の低下に対応することを用いて換算した上で試算を行う．先行研究では，1％ポイント失業率が上昇すると，0.3％から0.5％の総死亡率の低下につながることが報告されている（Ruhm, 2005; Ariizumi and Schirle, 2012; Neumayer, 2004; Gerdtham and Ruhm, 2006）．日本において対応する値を計算すると，失業率の1％ポイントの上昇は0.5％の総死亡率の上昇へつながると試算される．この値は，符号は異なるものの，変動の規模としては先行研究と異ならない値であった．また他国と共通の結果を示した自殺の変動幅については，1％ポイントの失業率の上昇が，米国では2％未満[4]，OECD諸国の0.4％[5]の上昇と比べて，統計的に有意な上昇を示した1995年以降では男性で6％程度とその大きさが際立っている点を指摘したい．また，薄田（2014）が報告している1997年から2007年の分析では，有効求人倍率の1ポイントの上昇に対し10万人あたり2.35人の自殺者が減少することが示されている[6]．1997年の男性の自殺率（18.62/10万人）をもとに計算すると，この変化は13％に対応し，本研究の値の2倍の値となる．

以上，これまで先進国のデータを用いて繰り返し報告されてきた景気の後退が死亡率に与える正の影響は，観察期間において日本では見られないことが示された．この理由として，男女別，死因別，年齢別に景気変動が死亡率に与える影響の方向性が異なり，正の影響と負の影響が相殺されて平均的に

---

[4] Ruhm（2000）P634 Table IV.

[5] Gerdtham and Ruhm（2006）P309 Table 4.

[6] 薄田（2014）P35 表2.

第 3 章 おわりに

は 0 近くになっていることが示された．とりわけ，景気循環的な影響を牽引する事故の減少が日本では観察されず，男性では心疾患において景気非循環的な影響が検出されることや，1995 年以降に自殺が景気後退とともに増加することなど，男性において非循環的影響が強いことが理由として挙げられる．マクロの景気変動が健康に与える影響が 0 であることは，必ずしも景気変動が健康に影響を与えないことを意味するのではなく，景気変動は健康に対して多様なメカニズムを通し個人の属性により異質な影響を与えることを理解することが重要である．

第4章

補論

4.1 有効求人倍率と失業率の関係について

　本分析では，有効求人倍率を景気変動の指標として分析を行った．ただし，多くの先行研究は完全失業率を景気変動の指標として分析を行っているため，有効求人倍率と背完全失業率との間にどのような関係があるのかを分析することは，結果の解釈の上で重要である．

　そこで，完全失業率と有効求人倍率がどの程度相関しているかをみるために，1978年から2016年の各月の全国の完全失業率と有効求人倍率の月次データをプロットした（図4.1）．

　長期の時系列変動をみた場合には，期間全体においては相関の程度は−0.34程度であるが，この低い相関は主に1980年代までの二指標間の相関の低さに起因する．具体的には，1978年から1989年までの相関が−0.23であるのに対し，1990年代は−0.83，2000年代は−0.86，2010年以降は−0.98と時代とともに相関が強くなっている．つまり，時系列での相関の程度は，分析期間当初の10年あまりを除き高いことが分かる．

　次に，本研究で利用するデータセットにおいて，二変数が利用可能である1997年から2016年の完全失業率と有効求人倍率との相関を，都道府県別・年次別に求めた．図4.2(a)は各都道府県における時系列での相関をみたものである．図4.1で示された結果と整合的に，この期間の相関の程度は高い．各都道府県により二変数の間の相関の程度にはばらつきがあるが，ほとんどすべての都道府県において相関係数は絶対値で0.6以上であり，この期間において二つの変数の時系列方向での相関はすべての県で高いことが分かる．

　図4.2(b)は，分析に利用するもう一方向つまり各年における地域間（都道

図 4.1 有効求人倍率と完全失業率の推移（1978 年〜2016 年）

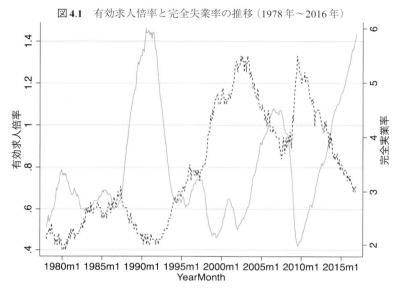

出所）厚生労働省「一般職業紹介状況」および総務省統計局「労働力調査」各年．
注）実線は有効求人倍率，点線は完全失業率（％）を表す．有効求人倍率・完全失業率
　　ともに季節調整済の月次データ．

府県間）の相関の程度を記述したものである．2012 年以降相関の程度は小さくなり，失業率が低い地域で有効求人倍率が高いことを表しているわけではないことを示している．したがって 2012 年以降の分析においては指標の違いにより結果が異なる可能性があることを念頭におく必要がある．

4.2　推定結果の詳述

表 2.3 のモデル 5 では，説明変数として時間とともに変化する都道府県の属性として，人口変数，医療資源の変数，および気候に関わる変数を加えて回帰分析を行った．すべての変数の推定結果を表 4.1 で示す．

人口割合の変数は予測と整合的な結果を示す．また診療所の数と薬剤師の数は死亡率と正の相関がある．さらに，最高気温の上昇は死亡率の上昇へとつながる可能性を示した．日照時間の増加が死亡率を下げる影響は 10％ 有意水準で統計的に有意であった．

第4章　補論

図 4.2　有効求人倍率と完全失業率（都道府県-年データ）の相関（1997年〜2016年）
(a)　各都道府県における時系列での相関

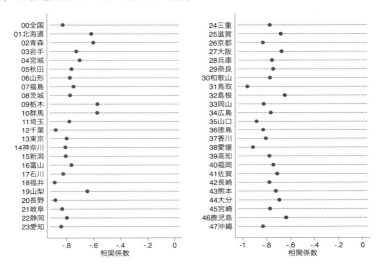

(b)　各年における都道府県の相関

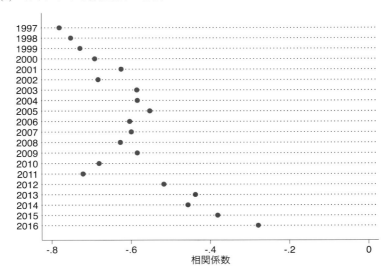

33

図4.3 粗死亡率の長期的推移，1935〜2020

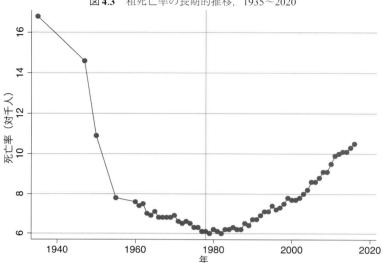

出所）厚生労働省「人口動態調査」各年．縦線は本研究における分析開始年を表す．

表4.1 景気変動が死亡率に与える影響（1978年〜2016年）のすべての結果

	係数	標準誤差
有効求人倍率	−0.01239 ***	0.00298
0〜14才人口割合	−0.01729 ***	0.00133
65才以上人口割合	0.01063 ***	0.00096
病院数	0.00198	0.00241
診療所数	0.00106 ***	0.00035
病床数	0.00002	0.00002
医師数	−0.00018	0.00013
薬剤師数	0.00019 ***	0.00008
看護師数	0.00027	0.00003
平均気温	−0.00316	0.00262
最高気温	0.00187 ***	0.00069
最低気温	0.00056	0.00050
晴天日数	−0.00006	0.00009
雨天日数	−0.00003	0.00006
日照時間	−0.00001 *	0.00001
N	1811	
R-squared	0.99500	

*p＜0.1; ** p＜0.5; ***p＜0.01
注）本表の結果は，本文中の表2.3のモデル5の結果と対応したものである．各変数の単位については表2.1を参照．回帰式は，都道府県固定効果，時間固定効果，都道府県別線形トレンドを含む．

4.3 失業率を用いた分析

先行研究で共通して用いられている短期の景気指標は失業率である．本研究では，有効求人倍率を用いて分析を行ったが，先行研究との結果の比較をする意味と複数のマクロ経済指標で分析を行うことで結果の頑健性を確認する目的で，データが利用可能である1997年から2016年の期間に関して，本文中で行っている死因別死亡率と年齢別死亡率を対象とした分析を，都道府県別の完全失業率を説明変数として行った．都道府県完全失業率の推計値は，総務省統計局「労働力調査」の四半期平均の失業率について1997年から2016年各年の平均値を用いた．

死因別死亡率の結果を図4.4に示す．失業率と有効求人倍率は負の相関があるため，図で示されている値は，本文中の図と左右が逆転して解釈するこ

図4.4 失業率の変動が死因別死亡率に与える影響（各年のデータを用いた分析），1997年〜2016年

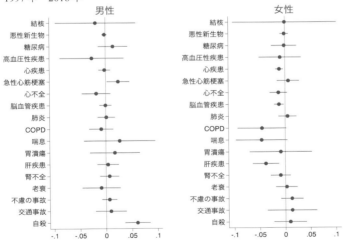

注）各1) 式において各死因に起因する死亡率を被説明変数としたモデルを推定した結果のうち失業率の係数 γ の推定値（点）と95％信頼区間（棒線）を表す．データは，1997年から2016年に公表されている死因別死亡率を使用．本表は本文中の図2.6と対応する結果である．図において，失業率と有効求人倍率は景気変動に対して逆方向動くことから，左右の解釈が逆転することに注意が必要である．

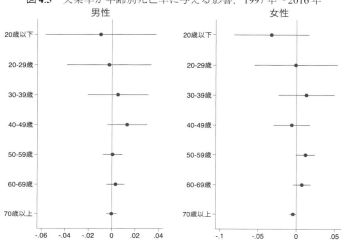

図 4.5 失業率が年齢別死亡率に与える影響，1997 年〜2016 年

注）(1) 式において各死因に起因する死亡率を被説明変数としたモデルを推定した結果のうち失業率の係数 γ の推定値（点）と 95％信頼区間（棒線）を表す．1997 年から 2016 年の各年における年齢別死亡率を使用．本表は本文中の図 2.7 と対応する結果である．図において，失業率と有効求人倍率は景気変動に対して逆方向動くことから，左右の解釈が逆転することに注意が必要である．

とに注意されたい．つまり，図において景気後退期に死亡率が上昇する場合には正の値をとり，逆に景気上昇期に死亡率が上昇する場合には負の値をとる．

概ね有効求人倍率を用いた分析と整合的な結果を得たが，景気後退期に女性の COPD や喘息による死亡の減少が大きい点が異なる点である．男性に心筋梗塞が増加するという傾向は，1980 年から 2015 年のデータを用いた分析（図 2.4）とは整合的である．すなわち，幾つかの死因は景気指標の選択に影響を受ける可能性があるが，この結果は複数のマクロ経済指標を用いた先行研究においても指摘されている点である（例えば Tapia Granados, 2008）．

また，図 4.5 は年齢別の結果を表す．全体的な傾向は有効求人倍率を用いた分析と整合的な結果を示すが，統計的有意性は男女ともに有効求人倍率に比べて低い．

参考文献一覧

厚生労働省「医療施設調査」1978年から2016年の偶数年．
厚生労働省「一般職業紹介状況」1978年から2016年．
厚生労働省「人口動態調査」1978年から2016年．
厚生労働省「人口動態統計特殊調査報告」1980年，1985年，1990年，1995年，2000年，2005年，2010年，2015年．
厚生労働省「医師・歯科医師・薬剤師調査」1978年から2016年．
厚生労働省（2013）「失業率と他の経済指標の関係」労働市場分析レポート第11号．https://www.mhlw.go.jp/seisakunitsuite/bunya/koyou_roudou/koyou/roudou_report/dl/20130628_02.pdf. 2018年9月9日閲覧．
薄田涼子（2014）景気後退と自殺，そのプロセス—都道府県別パネルデータによる考察．「日本経済研究」No. 71, 25-48.
総務省統計局「国勢調査」1975, 1980, 1985, 1990, 1995年の各巻．
総務省統計局「人口推計」1996年から2016年の各巻．
総務省統計局．都道府県・市区町村のすがた（社会・人口統計体系）．URL: http://www.stat.go.jp/data/ssds/index.html. 最終閲覧日2018年9月10日．
総務省統計局「労働力調査」1997～2016年の各年．
三谷直紀（2012）余暇と労働時間の長期的推移に関する経済理論と実際．日本労働研究雑誌．625, 4-20.
Ariizumi, H., Schirle, T., 2012. Are recessions really good for your health? Evidence from Canada. Soc. Sci. Med. 74, 1224-1231.
Aguiar, M., Hurst, E., Karabarbounis, L., 2013. Time use during the Great Recession. Am. Econ. Rev. 103, 1664-1696.
Ahn, T., 2015. Reduction of working time: does it lead to a healthy lifestyle? Health Econ. 19, 1300-1317.
Brenner, M. H., 1971. Economic changes and heat disease mortality. Am J. Pub. Health. 61, 606-611.
Brenner, M. H., 1975. Trends in alcohol consumption and associated illness: Some effects of economic changes. Am. J. Pub. Health. 65, 1279-1292.
Brenner, M. H., 1979. Mortality and the national economy: A review, and the experience of England and Wales, 1936-1976. Lancet 314, 568-573.
Browning, M., Heinesen, E., 2012. Effect of job loss due to plant closure on mortality and hospitalization. J. Health. Econ. 31, 599-616.
Chang, S.-S., Gunnell, D., Sterne, J.A.C., Lu, T.-H., Cheng, A.T.A., 2009. Was the economic crisis 1997-1998 responsible for rising suicide rates in East/Southeast Asia? A time-

trend analysis for Japan, Hong Kong, South Korea, Taiwan, Singapore and Thailand. Soc. Sci. Med. 68, 1322-1331.

Cutler, D.M., Huang, W., Lleras-Muney, A., 2016. Economic conditions and mortality: Evidence from 200 years of data. NBER Working paper 22690.

Dave, D.M., Kelly, I.R., 2012. How does the business cycle affect eating habits? Soc. Sci. Med. 74, 254-262.

Dee, T.S., 2001. Alcohol abuse and economic conditions: Evidence from repeated cross-sections of individual-level data. Health Econ. 10, 257-270.

Goldman-Mellor, S.J., Saxton, K.B., Catalano, R.C., 2010. Economic contraction and mental health: A review of the evidence, 1990-2009. Int. J. Ment. Health. 39, 6-31.

Gerdtham, U., Johannesson, M., 2003. A note on the effect of unemployment on mortality. J Health. Econ. 22, 505-518.

Gerdtham, U., Johannesson, M., 2005. Business cycles and mortality: Results from Swedish microdota. Soc. Sci. Med. 60, 205-218.

Gerdtham, U., Ruhm, C.J., 2006. Deaths rise in good economic times: Evidence from the OECD. Econ. Hum. Biol. 4, 298-316.

Grossman, M., 1972. On the concept of health capital and the demand for health. J. Polit. Econ. 80, 223-255.

Gonzalez, F., Quast, T. 2011. Macroeconomic changes and mortality in Mexico. Empirical Econ. 40, 305-319.

Haaland, V. F., Telle, K., 2015. Pro-cyclical mortality across socioeconomic groups and health status. J. Health Econ. 39, 248-258.

Halliday, T. J., 2007. Business cycles, migration and health. Soc. Sci. Med. 64, 1420-1424.

Halliday, T.J., 2014. Unemployment and mortality: Evidence from the PSID. Soc. Sci. Med. 113, 15-22.

He, M.M., 2016. Driving through the Great Recession: Why does motor vehicle fatality decrease when the economy slows down? Soc. Sci. Med. 155, 1-11.

Laporte, A., 2004. Do economic cycles have a permanent effect on population health? Revisiting the Brenner hypothesis. Health Econ. 13, 767-779.

Lin, S.-J., 2009. Economic fluctuations and health outcome: A panel analysis of Asia-Pacific countries. Applied Econ. 41, 519-530.

Lindo, J.M. 2015. Aggregation and the estimated effects of economic conditions on health. J. Health Econ. 40, 83-96.

Kondo, N., Subramanian, S.V., Kawachi, I., Takeda, Y., Yamagata, Z., 2008. Economic recession and health inequalities in Japan: Analysis with a national sample, 1986-2001. J. Epidemiol. Commun. H. 62, 869-875.

Kuhn, A., Lalive, R., Zweimuller, U., 2009. The public costs of job loss. J. Health Econ. 28,

1099−1115.

Kuroda, S., Yamamoto, I., 2013. Firm's demand for work hours: Evidence from matched firm-worker data in Japan. J. Jpn. Int. Econ. 29, 57−73.

Miller, D.L., Page M.E., Stevens, A.H., Fillipski, M., 2009. Why are recessions good for your health? Am. Econ. Rev. 99, 122−27.

Neumayer, E., 2004. Recessions lower (some) morality rates: Evidence from Germany. Soc. Sci. Med. 58, 1037−1047.

Perlman, C. Bobak, M., 2009. Assessing the contribution of unstable employment to mortality in posttransition Russia: Prospective individual-level analyses from the Russian longitude monitoring survey. Am. J. Public Health. 99, 1818−1825.

Di Pietro, G. 2018. Revising the impact of macroeconomic conditions on health behaviours. Econ. Human. Bio. 28, 173−181.

Ruhm, C.J., 1995. Economic conditions and alcohol problems. J. Health Econ. 14, 583−603.

Ruhm, C.J., 2000. Are recessions good for your health? Q. J. Econ. 115, 617−650.

Ruhm, C.J., 2003. Good times make you sick. J. Health Econ. 22, 637−658.

Ruhm, C.J., 2005. Healthy living in hard times. J. Health Econ. 24, 341−363.

Ruhm, C.J., 2007. A healthy economy can break your heart. Demography 44, 829−848.

Ruhm, C.J., 2009. Economic conditions and health behaviors: Are recessions good for your health? N. C. Med. J. 70, 328−329.

Ruhm, C.J., 2015. Recessions, healthy no more? J. Health Econ. 42, 17−28.

Ruhm, C.J., Black W.E., 2002. Does drinking really decrease in bad times? J. Health Econ. 21, 659−678.

Stevens, A.H., Miller, D.L., Page, M.E., Filipski, M., 2011. The best of times, the worst of times: Understanding pro-cyclical mortality. Am. Econ. J. Econ. Policy. 7, 279−311.

Stuckler, D., Basu, S., Suhrcke, M., Mckee, M., 2009. The public health effect of economic crisis and alternative policy responses in Europe: An empirical analysis. Lancet 374, 315−323.

Sullivan, D., von Wachter, T., 2009. Job replacement and mortality: An analysis using administrative data. Q. J. Econ. 124, 1265−1306.

Svensson, M., 2007. Do not go breaking your heart: Do economic upturns really increase heart attack mortality? Soc. Sci. Med. 65, 833−841.

Tapia Granados, J.A., 2005. Increasing mortality during the expansions of the US economy, 1900−1996. Int. J. Epidemiol. 34, 1192−1202.

Tapia Granados, J.A., 2008. Macroeconomic fluctuations and mortality in postwar Japan. Demography 45, 323−343.

Tapia Granados, J.A., 2011. Mortality and macroeconomic fluctuations in contemporary Sweden. Eur. J. Popul. 27, 157−184.

Tapia Granados, J.A., Ionides, E.L., 2017. Population health and the economy: Mortality and the Great Recession in Europe. Health. Econ. DOI:10.1002/hec.3495.

Toffolutti, V., Suhrcke, M., 2014. Assessing the short term impact of the Great Recession in the European Union: A cross-country panel analysis. Prev. Med. 64, 54–62.

Wada, K., Kondo, N., Gilmour, S., Ichida, Y., Fujino, Y., Satoh, T., Shibuya, K., 2012. Trends in cause specific mortality across occupants in Japanese men of working age during period of economic stagnation, 1980–2005: Retrospective cohort study. BMJ. 344, e1191; doi: 10.1136/bmj.e1191.

Xu, X., 2013. The business cycle and health behaviors. Soc. Sci. Med. 77, 126–136.

著者紹介

井深陽子

2000年　慶應義塾大学経済学部卒業
2002年　慶應義塾大学大学院経済学研究科修士課程修了
2012年　ラトガース大学経済学部 Ph.D プログラム修了
　　　　（Ph.D）
現在　　慶應義塾大学経済学部准教授
　　　　元・三菱経済研究所研究員

景気変動が健康に与える影響
―日本の1976年から2016年の都道府県別データによる実証分析―

2019年3月27日　発行

定価　本体900円＋税

著　者　　井深陽子

発行所　　公益財団法人　三菱経済研究所
　　　　　東京都文京区湯島4-10-14
　　　　　〒113-0034　電話(03)5802-8670

印刷所　　株式会社　国際文献社
　　　　　東京都新宿区山吹町332-6
　　　　　〒162-0801　電話(03)6824-9362

ISBN 978-4-943852-69-8